La guerre des filles

Carole Prieur

La guerre des filles

Théâtre

© 2020 Carole Prieur
Éditeur : BoD-Books on Demand
12-14 Rond-point des Champs-Élysées, 75008 Paris
Impression : Books on Demand, Norderstedt, Allemagne

Couverture : Marie Colucci

ISBN : 9782322208647

Dépôt légal : Mai 2020

Remerciements à Vanessa Sanchez, pour avoir accompagné l'écriture de ce texte.

Remerciements à Mylène Sauloy, réalisatrice du documentaire « Kurdistan, la guerre des filles » pour les témoignages qu'elle m'a donnés et pour son aide.

Remerciements à Beaumarchais-SACD pour la bourse obtenue en juin 2018 et à la fondation Jan Michalski pour leur aide à l'écriture.

L'action se situe en 2016-2017 à Qamishlo, au Rojava, une région auto-proclamée autonome du Kurdistan syrien où la commission de l'écriture de l'Histoire du Rojava se réunit.

Les personnages :

Jine (environ 40 ans) a été commandante au sein de l'unité de protection des femmes kurdes (YPJ prononcé gipéji). Elle dirige la commission de l'écriture de l'Histoire du Rojava.
Diyako (environ 40 ans) est un ex-combattant du PKK (Parti des travailleurs du Kurdistan, à prononcer pékaykay). Il a connu la guérilla contre les Turcs puis la guerre contre Daesh. Il a choisi de quitter l'armée pour rejoindre le Rojava.
Zenda (environ 50 ans) est une militante kurde, emprisonnée à Diyarbakir avec Sakine Cansiz, co-fondatrice du PKK. Elle fait désormais partie de la commission de l'écriture de l'Histoire du Rojava.
Gabrielle est une internationaliste (environ 25 ans). Elle est française et a rejoint le Rojava pour épouser la cause des femmes kurdes.

Tantôt les personnages parlent en leur nom propre, tantôt ils jouent un rôle (précisé entre parenthèses).
Tantôt les scènes sont des discussions/réflexions au temps présent, tantôt des scènes passées rejouées, tantôt des témoignages racontés, tantôt des scènes fictives qu'ils inventent pour mieux comprendre leur Histoire.
La construction du texte est volontairement faite de ruptures, les scènes sont comme des pièces de puzzle qui ne s'assembleraient qu'imparfaitement...

Jine, Zenda et Diyako s'affairent autour d'une table de travail. On entend au loin des bruits de bombes et d'orage. L'urgence les touche.

Diyako *(tendant un papier à Jine)* : La revue de presse internationale est prête Jine.
Jine : Merci Diyako.
Zenda : Et ça c'est le communiqué de presse pour annoncer la création de notre commission. Relis-le.
Jine *(refusant le papier)* : Je te fais confiance, Zenda, tu peux l'envoyer.

Gabrielle *(se filmant avec son portable)* : Je me trouve au Rojava, la région au Nord de la Syrie qui s'est auto-proclamée autonome. Ici le mouvement de libération des femmes kurdes...

Jine : Gabrielle, au travail ! L'Histoire ne s'écrit pas toute seule !

Tous autour de la table à travailler.

Jine : L'Histoire n'est pas une ligne droite qui passe par un point a puis par un point b, puis par un point c, etcetera... Jusqu'à ce que le mot fin apparaisse. L'Histoire est comme une étoile. Pour la raconter, il faudrait parcourir toutes les branches de cette étoile.
Gabrielle : Et chaque branche a un début. Par lequel commencer ?

Ils brandissent tous une feuille représentant « leur début ». Jine désigne Diyako.

Jine et Diyako rejouent l'entretien de Diyako au camp de rééducation des hommes du Qandil.

Jine *(jouant le rôle d'une commandante du camp de rééducation des hommes)* : Entre... Assieds-toi. Ta lettre nous est arrivée dans la poche de nos camarades.

Diyako salue cette femme avec déférence. Il s'assoit. Il rejoue son propre rôle.

Jine : D'où viens-tu ?
Diyako : Urfa.
Jine : J'ai lu dans ta lettre que tu avais rejoint le mouvement en 1994.
Diyako : C'est ça.
Jine : Tu es donc un ancien. Pourquoi ne nous as-tu pas écrit avant ?
Diyako *(il hausse les épaules)* : Je me suis engagé pour me battre. J'ai été formé au combat. Je pensais qu'il n'y avait aucune autre alternative pour défendre notre cause. Ainsi devait être ma vie... Cela pouvait être toute ma vie.
Jine : Et que s'est-il passé ?
Diyako : Exactement je ne sais pas. Peut-être le rire insupportable d'un camarade alors qu'il racontait comment nous avions piégé des soldats turcs. Ou cette mère qui pleurait sur un corps méconnaissable. Ce n'était pas son fils mais elle n'avait que ce corps pour pleurer. Une fois aussi, un militant. Sa peur. Sa peur de moi. Alors que nous étions du même camp. J'ai commencé à me demander comment l'homme avait-il pu

rendre le monde invivable.
Jine : Bienvenue au camp de rééducation des hommes, Diyako.

Diyako : Si l'Histoire est une étoile, nous avons tous, toutes une branche préférée par laquelle nous aimons la raconter. L'Histoire juste mérite qu'on partage la complexité de l'étoile, mais inévitablement nous commençons par notre branche préférée…

Zenda brandit sa version du commencement :

Zenda : Quand on demandait à nos mères « quel est le commencement ? », elles répondaient invariablement « le fleuve ». Celui qui naît sur les hauts plateaux, celui qui s'écoule sauvage, celui qui se fracasse contre les parois rocheuses, celui qui a la beauté du survivant, le Munzur. Il est inscrit dans la mémoire, dans le corps de toutes les femmes de Dêrsim. Qui s'est abreuvée de ses eaux a été purifiée. Qui s'est baignée dans le Munzur a reçu de sa force légendaire. Et nos mères nous ont immergées les unes après les autres. Le fleuve bouillonne en nous furieux. Et nous voici, furieuses nous aussi. Là est le commencement disaient nos mères.

Jine et Zenda *ensemble* : Nous sommes les filles de nos mères !

C'est au tour de Gabrielle de raconter « son commencement ».

Gabrielle : Récit de Yardil. « Nous sommes coincées sur le front. En face les lignes de Daesh. Ils ont creusé des tranchées et des tunnels entre les maisons. Ils peuvent se balader partout. Être invisibles. Alors nous attendons. Nous attendons.

(Silence) Parfois il ne se passe rien dans une guerre. Parfois la guerre c'est attendre. Attendre l'opportunité. Ils s'aventureront hors des tranchées, hors des tunnels. Forcément. À un moment ou un autre, ils seront obligés. Et ce moment arrive. Une voiture. Chargée d'explosifs. Si nous la faisons sauter sur leurs lignes, nous en tuerons un grand nombre. Si elle pénètre dans notre camp, la voiture ne doit surtout pas exploser. Dila tire avec le lance-roquettes mais rate sa cible. La voiture passe de notre côté. Je suis en bonne position. Je me rapproche le plus possible de la route. Ces derniers temps j'ai souvent pensé à la mort. Je la sens à côté de moi, observatrice et patiente. Le viseur me renvoie le visage du chauffeur. Je tire. Je touche. Je vois un bout de sa cervelle sortir de sa tête. Je pense aux images de Kennedy. À sa femme qui essaie de contenir cette fuite de cervelle. Celle du soldat de Daesh dégouline le long de la vitre. Je ne m'en réjouis pas. J'espère la fin des combats. Simplement la fin des combats. »

Jine : Les médias occidentaux raffolent de ces images de belles filles en treillis astiquant leurs kalachs. Les Angelina Jolie kurdes, c'est comme ça qu'ils nous appellent. Les Angelina Jolie kurdes de Kobané. Mais notre Histoire ne commence pas avec Daesh. Pour les occidentaux, il n'y a rien avant, rien avant Daesh, rien avant Kobané, mais cette branche ne peut pas être notre branche préférée.

Ils se remettent autour de la table, sauf Jine.

Diyako : Les soldats de Daesh disent qu'ils ne peuvent pas aller au paradis s'ils sont tués par une femme.
Gabrielle : Alors Yardil lui a volé et sa vie et sa mort.

Zenda : Ils l'ont déjà connu le paradis. Dans le ventre de leur mère. Chaque fois qu'il en meurt un, je me dis ça. Ils sont tous passés par le corps d'une femme.
Gabrielle : Pourtant ils ne cessent de vouloir réduire à néant le corps des femmes.
Diyako : Réduire à néant l'humanité.
Gabrielle : Peut-être que c'est cela qu'il faut essayer de comprendre. Ce besoin-là.
Zenda : Ce besoin du corps des femmes et pourtant de l'anéantir.
Diyako : Ce besoin d'anéantir l'humanité.
Zenda : Je n'ai jamais voulu avoir d'enfants.
Gabrielle : Tu aurais pourtant dû faire des filles.
Zenda : Voilà une drôle d'idées dans cette région du monde !
Gabrielle : Mais qui nous défendra si nous ne faisons pas de filles ?

Elles rient.

Gabrielle et Zenda : Femmes, vie, liberté !

Jine revient vers eux.

Jine : Daesh n'est pas le commencement.
Diyako : Mais Daesh attire l'attention de l'Occident. Et nous avons besoin de son attention.
Gabrielle : De son adhésion !
Zenda : Jine a raison, Daesh n'est pas le premier état à avoir voulu anéantir le corps des femmes.

En chœur, **Jine, Zenda, et Gabrielle** *(jouant des rôles)*

« Ils arrivent ! Ils arrivent ! » J'entends encore résonner ces cris affolés qui traversaient notre village de part en part. Ma mère a dit à mon père : « Va chercher les fusils de ton grand-père ». Mon père a répondu : « Nous n'avons pas à avoir peur, nous avons fait ce qu'ils nous ont demandé ». Il s'est retourné vers nous : « Montrez- leur que vous êtes de bons petits turcs maintenant ». Ma mère nous a regardés et a posé son doigt sur sa bouche dans le dos de mon père.
(Chuchotant) Nous sommes les filles de nos mères !
Je me suis mise à trembler. Mieux valait faire semblant d'être muette. Pour que les mots ne se mélangent pas dans ma bouche comme parfois ils se mélangeaient dans ma tête. Ils ont réuni tous les habitants du village. Ma mère a murmuré : « Je ne vois pas Gülan, Simal... » Elle cherchait inquiète ses amies et leurs filles. J'ai vu que Sergul et Kubar n'étaient pas là non plus. Mon cœur battait de plus en plus vite. Mon père s'est avancé vers les soldats qui pointaient leurs armes vers nous, ils l'ont mis en joue et lui ont demandé de reculer. Il a obéi et a levé les mains en l'air, il leur a dit : « Heureux celui qui peut se dire turc ». Il leur a expliqué qu'ici nous faisions ce qu'il fallait, que les enfants d'ici parlaient turc, que nous étions tous ici assimilés. Soudain ma mère a hurlé. Des soldats arrivaient en traînant des filles connues de nous, certaines à peine plus âgées que moi, elles essayaient de se couvrir mais leurs habits déchirés ne pouvaient plus les protéger des regards. Ils les ont exhibées à la vue de tous. Parmi elles, il y avait Gülan et Kubar. J'ai vu du sang couler le long de la jambe de Kubar. Alors je me suis mise à répéter en boucle des mots turcs mais ils m'échappaient. Je ne savais plus rien de turc. Quand un des soldats a saisi ma

mère, j'ai crié « mom »[1] ! Ma mère aurait dû être furieuse parce que ce mot interdit était l'aveu de sa traîtrise. Mais ce mot était trop doux à ses oreilles pour qu'elle m'en veuille. Elle m'a regardée avec une infinie tendresse. Puis profitant d'une agitation dans les rangs des habitants, ma mère a réussi à s'échapper. Dans le regard de mon père, j'ai vu un instant l'hésitation. Courrait-il avec elle ? Mais il n'a pas bougé. Il a baissé la tête. De nombreuses femmes l'ont suivie, la protégeant lorsque les soldats ont commencé à tirer. Qumri, Ala, Kubar sont tombées. J'ai vu un filet de sang couler le long du dos de Kubar. Mon père m'a retenue par le bras alors que je m'élançais comme elles. Je me débattais et lui me sommait de me calmer en turc. Puis le silence est retombé. Un des soldats a dit en forçant son sourire : « Nous reviendrons ». Mon père m'a lâchée. J'ai couru en direction de ma mère. J'ai couru sans croiser une seule d'entre celles qui avaient fui. Je suis arrivée au bord de la falaise. Où étaient-elles ? J'ai regardé le ciel. Mon âme d'enfant me soufflait qu'elles s'étaient envolées. Etaient-ce elles là-haut qui tournoyaient fières d'avoir bravé les soldats ? Puis quelqu'un a crié : « Regardez le fleuve ! » Quand j'ai baissé la tête, j'ai vu que le Munzur était devenu rouge. Des corps flottaient dans l'eau. Les corps de nos mères. Les corps de leurs sœurs. Les corps de leurs filles. Furieuses.

Diyako : Les pères sont devenus les serviteurs des hauts fonctionnaires turcs tandis que les mères ont continué à enseigner la langue kurde interdite à leurs enfants dans le dos des pères.

---

[1] *Mom n'est pas la traduction idéale de maman en kurde mais permet une compréhension par tous et toutes*

Il fait chut avec le doigt sur la bouche.

Zenda : Les hommes n'ont jamais protégé les femmes. Là est le commencement.

Ils ont trouvé le commencement de l'Histoire qu'ils veulent raconter. Comment continuer ?
Zenda, Jine et Gabrielle jouent des femmes d'une assemblée de femmes au Rojava.

Zenda : Il faut que nous sachions lire et écrire a dit Gülan.
Jine : Il faut que nous apprenions à nous défendre a dit Jinan.
Gabrielle : Il faut que nous apprenions à parler.
Zenda : Mais tu sais parler ! Tous les jours, bla bla bla bla bla.
Gabrielle : Je veux parler comme les hommes. Leurs paroles sont comme des coups de poings sur la table. Et personne ne revient sur un coup de poing. Je veux parler et qu'on entende le poing. Je veux que ma parole ait cette autorité. Il me faut les mots, les mots qui frappent comme des poings sur la table.
Zenda : Faire comme les hommes, non, tu te trompes.
Gabrielle : Alors apprenons à parler pour qu'on nous entende en tant que femmes.
Jine : Il faut que nous puissions participer aux décisions, faire nos propres choix a dit Simal.
Zenda : Il nous faut repenser le monde.
Gabrielle : Et nous protéger nous-mêmes.

Jine : Femmes, réveillons-nous ! Partout le patriarcat vise la destruction de la femme. Partout nous sommes rabaissées, violées, frappées, vendues sur des marchés, tuées ! Le patriarcat a dépassé toutes les bornes ; il s'est imposé comme un système de pensées qui a perverti les femmes elles-mêmes, et à cause de lui l'humanité est en danger car tout est lié. Quand on en arrive à tuer ses voisins, ses parents, sa famille, ses amis, sa femme, l'humanité est en danger. L'homme est dépassé par le système qu'il a mis en place. Mais il s'acharne. Daesh est cet acharnement. Le dernier sursaut de la bête blessée. Et nous allons achever la bête. Le patriarcat vit ses derniers instants. Seule la femme peut sauver l'humanité. Nous irons aider les femmes qui demanderont de l'aide partout au Moyen-Orient, partout dans le monde ! Nous voulons la sororité, la paix, l'égalité, une coexistence démocratique. Et cette société, nous allons la répandre partout au Moyen-Orient, et partout dans le monde. Et si pour cela il nous faut prendre les armes, nous apprendrons leur maniement et nous nous dresserons contre tous ceux qui s'opposeront à notre vision de la société. N'attendons rien des États, attendons tout du peuple, attendons tout des femmes !

Elles se mettent à chanter et danser.

Gabrielle, Jine et Zenda : Femmes, vie, liberté !

Dans leur propre rôle :
Gabrielle : Ça ne vous dérange pas ce portrait d'homme ?
Zenda et Jine : Apo ?
Gabrielle : Oui il est partout sur vos murs.
Zenda et Jine : Nous n'avons rien contre les hommes quand ils ne sont pas dominants.
Gabrielle : Mais c'est quand même un homme partout sur vos murs.
Zenda et Jine : C'est Apo.

Gabrielle : Apo par ci Apo par là. L'idolâtrie n'a jamais aidé les femmes.
Zenda et Jine *(choquées)* : Apo n'est pas une idole !
Gabrielle : Un gourou ?
Zenda et Jine *(outrées)* : Apo !
Gabrielle : Arrêtez avec votre Apo, Apo... Concrètement comment allons-nous changer ce système si nous continuons à sacraliser un homme ?
Jine : Pour vous les occidentaux, il n'est pas possible que la plus grande révolution féministe se passe en Orient.
Gabrielle : Ne me dis pas ça à moi, tu veux.
Jine : Non attends... Ce n'est pas contre toi... mais si notre Histoire ne trouve pas d'oreilles attentives en Occident, se pourrait-il que ce soit à cause de cela ? Parce que pour vous, il est impossible que le monde de demain s'invente ici.

Cette remarque les plonge dans la réflexion...
Puis Jine et Diyako rejoue une scène du passé de Diyako.

Jine *(jouant le commandant de Diyako)* : Diyako, tu nous quittes ?
Diyako *(jouant son propre rôle)* : Oui commandant. J'ai besoin de finir ma vie comme un être vivant, pas comme une ombre qui se terre dans une montagne perdue. Je ne veux pas qu'on se souvienne de moi grâce à une photo de martyr dans une rue de Qamishlo.
Jine : Notre combat ne mérite-t-il plus le sacrifice ?
Diyako : Une autre forme de sacrifice m'attend. Je continuerai la lutte autrement.
Jine : C'est à cause de cette femme n'est-ce pas ? Je vous ai vus parler de longs moments chaque soir.

Diyako *(se défendant)* : Il ne s'est rien passé entre nous.
Jine : Je le sais Diyako. Tu n'as jamais dérogé à nos règles. Mais ce sont ses discussions qui t'ont changé ?
Diyako : Cela fait longtemps que je me demande comment l'homme a t-il pu rendre le monde invivable. Cela fait longtemps que je me demande si je ne contribue pas à le rendre invivable.
Jine : Et cette pensée t'est devenue insupportable ? *(Diyako acquiesce)* Nous combattons pour la même cause. Ici avec les armes. Là-bas avec la pensée politique. Il faut des armées pour défendre les idées.
Diyako : Je sais, nous n'avons peut-être pas le choix. Mais j'ai donné du temps à la lutte armée, je veux maintenant donner du temps aux idées.
Jine : Cette femme Diyako, sais-tu où elle est désormais ?
Diyako : Tombée à Kobané, pour le Rojava.
Jine : Les femmes disent qu'elles défendent leur vie quand nous ne cherchons qu'à garder notre pouvoir... *(silence)* La guerre contre Daesh terminée, ils ne laisseront pas le Rojava en paix. Et ton frère...
Diyako : Si mon frère arrive au Rojava en soldat turc, il me trouvera désarmé. Je n'aurai plus à avoir peur, c'est lui qui choisira de me tuer ou non.
Jine : Quand pars-tu ?

Diyako n'entend pas la question de Jine. Il est parti dans une autre branche de son histoire, de son passé... Mais est-ce une scène réelle ou imaginée ?

Diyako : Te voilà mon frère.
Gabrielle *(jouant le frère de Diyako)* : Je ne suis plus ton frère

depuis bien longtemps.
Diyako : Serais-tu prêt à le dire devant notre père ?
Gabrielle : Mon père serait fier. Je me bats pour son pays. Celui qui l'a vu naître, celui qui l'a fait vivre, celui qui lui a permis de vieillir en paix.
Diyako : Et notre mère ? Elle nous a porté tous deux. Elle a aimé notre père sans être dupe de ce que son mariage signifiait. L'assimilation de son peuple.
Gabrielle : Et elle a fait échouer ce projet.
Diyako *(avec humour)* : À moitié ! Ça ne te paraît pas juste ? Kurdes et Turcs ex æquo ? Ce n'est pas autrement que je vois les choses. Pourquoi le but du jeu ne serait-il pas un score identique des deux côtés ?
Gabrielle : Les terroristes ne peuvent pas être à égalité avec nous.
Diyako : Je cherche encore la définition exacte de ce mot « terroriste ».
Gabrielle : Nous accuserais-tu ?
Diyako : Non je veux dépasser les accusations. Je veux ici répondre à une autre idéologie. Elle a ses imperfections, elle a déjà fait des erreurs, mais elle n'avait jamais été essayée, et elle donne la possibilité de vivre ensemble. Alors tu peux me tuer. Je mourrai en te tendant la main.
Jine *(en commandant, essayant de l'extirper de ses pensées)* : Diyako, quand pars-tu ?
Diyako *(sortant de ses pensées)* : Demain. Je vais d'abord au Qandil.
Jine : Camp de rééducation des hommes ?
Diyako : Oui.
Jine : Cela m'a toujours plus effrayé que de combattre nos ennemis en noir !

Ils rient...

Jine *(revenant au présent)* : Notre commission est chargée d'écrire l'Histoire du Rojava. Partager la complexité de l'étoile n'est peut-être pas la bonne voie. Au contraire, notre rôle est... *(cherchant le bon mot)* d'éclaircir ?
Zenda : Il nous faut trouver le bon fil à tirer.

Gabrielle *(dans son propre rôle)* : On a dit qu'il y aurait un avant et un après. Un avant Charlie Hebdo et un après Charlie Hebdo. Un avant Hyper Casher et un après Hyper Casher. Un avant Bataclan et un après Bataclan. Un avant Nice et un après Nice. Et les journaux titraient : « Encore un » ! Encore ! Encore ! Dans ma famille, il y a toujours eu des secrets. Des hommes inconnus débarquaient chez nous. C'est ton oncle, ton cousin, l'oncle de ton oncle, le cousin de ta tante... Ma famille était sans fin. Ils restaient quelques jours puis repartaient sans qu'on ne les revoie jamais plus ou avant longtemps. Mes parents discutaient à voix basse dans la cuisine avec eux. Quand j'arrivais, ils me souriaient. C'est ton oncle, ton cousin, l'oncle de ton oncle, le cousin de ta tante... Et d'où viennent-ils ?
Zenda *(jouant la mère de Gabrielle)* : D'où veux-tu qu'ils viennent ?
Gabrielle : À la télévision, les reportages se multipliaient.
Diyako *(imitant un présentateur de télévision)* : Bonsoir. On parle de 1 900 français concernés par le djihad. Mais qui sont-ils exactement ? Comment se radicalisent-ils ? Pourquoi de jeunes garçons partent-ils rejoindre Daesh ? Et les filles, de plus en plus nombreuses, comment sont-elles enrôlées par

l'État Islamique ? C'est ce que notre enquête tente de comprendre.

Gabrielle : Autour de moi tout le monde dit connaître une victime d'attentat. La fille d'une amie, le meilleur ami d'un collègue, la sœur du mari de la secrétaire de l'entreprise qui se situe sur le même palier que... Tout le monde raconte des histoires de radicalisation. Le conducteur du bus 115... La fille de la prof de la fille du concierge... Le type si gentil, si sportif, si normal que personne n'aurait soupçonné... Je surprends ma mère parler à un oncle... un cousin... l'oncle de mon cousin ou le cousin de mon oncle je ne sais plus.

Zenda *(jouant le rôle de la mère de Gabrielle, tout bas)* : Jale veut partir. Tu peux l'aider ?
Diyako *(jouant un oncle, cousin ou...)* : Elle n'aurait pas dû te le dire. Surtout qu'elle ne dise rien à personne d'autre. Qu'elle commence par apprendre à se taire.
Zenda *(tout bas)* : Et alors ? Comment elle fait pour vous faire savoir qu'elle veut partir ?
Diyako : Elle commence par se taire.

Zenda fait un signe d'énervement.

Gabrielle : Se taire. Mes parents m'ont toujours appris à me taire. Je n'ai jamais parlé de mes oncles, mes cousins, des cousins de mes oncles et des oncles de mes cousins. Nous vivions dans le secret de ces hommes que je ne connaissais pas. *(S'adressant à Zenda comme si elle était sa mère)* Maman, un jour tu me raconteras qui sont ces hommes que vous hébergez chez vous et qu'on ne revoit jamais même s'ils sont nos oncles, nos cousins, nos...

Jine : Alors ta mère t'apprend Dêrsim. La politique d'assimilation. L'interdiction de la langue kurde. La désobéissance des mères qui dans le dos des pères apprennent la langue interdite aux enfants. Chut !
Diyako : La collaboration des pères qui travaillent avec les hauts fonctionnaires turcs.
Jine : Tu apprends le viol des femmes et des filles. Pour y échapper tu apprends que certaines se jettent dans le fleuve.
Zenda : Tu apprends le Munzur. Le fleuve rougissant.
Jine : Tu apprends Bese. La première femme morte les armes à la main.
Diyako : Ne plus se jeter dans le fleuve. Résister.
Jine : Tu apprends la résistance des femmes.
Zenda : Tu apprends que le fleuve furieux a façonné la résistance des femmes. Comme celle de Sakine Cansiz.
Diyako : Tu apprends le désordre de tes origines.
Zenda : Tu apprends dans le désordre tes origines.
Gabrielle : Mais je n'apprends toujours rien sur ces oncles, cousins… *(Reprenant son portable pour filmer)* À Dêrsim on aime à raconter que le fleuve Munzur est responsable de la hargne des femmes et de leurs traits durs. On se plait à dire que de nombreuses révolutionnaires ont été forgées par lui. On pense que la nature a un impact direct sur les gens. Le fleuve Munzur est un fleuve bouillonnant et sauvage. Et bizarrement les femmes de Dêrsim sont passionnément énergiques et rebelles. Pourquoi chercher des explications rationnelles ?
Zenda *(dans son propre rôle)* : Mais ne crois pas que nous n'avons pas lu Descartes !
Jine *(dans son propre rôle)* : Même si nous préférons Rousseau.

Gabrielle : Ici, toute une chacune pourra vous affirmer que le fleuve Munzur est furieux et qu'il façonne les femmes à sa façon. C'est tout. Le fleuve Munzur est ici plus fort que Descartes.
Zenda : Aujourd'hui encore, les hommes s'acharnent à construire des barrages pour dompter les eaux du Munzur. Parfois, l'un d'eux raconte, honteux, qu'il a cru voir le fleuve rougir. Lui répond-on que c'est le sang de nos mères ? Nous sommes les filles de nos mères. Les filles du fleuve Munzur. Et nos filles seront les héritières du fleuve indomptable qui rougit et en qui sommeillent les femmes furieuses de Dêrsim.

Jine et Gabrielle partent d'un côté. Diyako et Zenda partent de l'autre côté.

Jine : Pourquoi tu souris ?
Gabrielle : Je pense à une lecture d'enfance... L'histoire d'un petit village d'irréductibles... Et tout à coup j'ai l'impression d'être dans un petit village d'irréductibles...
Jine *(se moquant)* : Astérix et Descartes ! Ce n'est pas trop difficile de vivre entre ces deux références ?
Gabrielle *(surprise)* : Non, tu ne peux pas connaître Astérix !

Elles rient.

Diyako *(dans son propre rôle)* : Pourquoi n'as-tu jamais voulu avoir d'enfant ?
Zenda *(dans son propre rôle)* : Faut-il en passer par là ? Raconter ? Ne vaudrait-il pas mieux se taire ? Taire certaines branches de l'étoile pour ne pas les faire exister.
Diyako : Comment changer le cours de l'Histoire sans

comprendre d'où nous venons ?

Zenda : Alors tu voudrais que je raconte. Que je raconte ce que nous avons subi à la prison de Diyarbakir, où nous avons été emprisonnées, avec Sakine Cansiz. Que je raconte ce que le chef nous faisait. Qu'il débarquait saoul en plein milieu de la nuit accompagné des gardiens. Nous ne savions jamais quand ils arriveraient. Mais nous savions qu'ils pouvaient arriver. Alors ? Dormir et nous faire surprendre ? Ne pas dormir et attendre ? Se réveiller avec eux entre nos cuisses ? Faire semblant de dormir et les subir entre nos cuisses ? Leur cracher dessus ? Ils se servaient de notre salive comme lubrifiant. Les insulter dans notre langue ? Nos têtes tapaient contre le mur encore plus fort quand nous parlions kurde. Au rythme de leurs déhanchements. Dois-je continuer ?

Diyako : Non !

Zenda : Faire exister cette branche de l'étoile ou ne pas la faire exister ? Dilemme. Ces féminicides partout dans le monde. Le viol comme arme de guerre. Destruction massive d'une moitié de l'humanité. Il faudrait que chacun puisse sentir dans sa chair ce que nous avons subi là-bas dans les prisons de Diyarbakir, au Rwanda, en République démocratique du Congo, en Bosnie-Herzégovine, en Allemagne, au Japon... esclaves sexuelles de Daesh... Sais-tu que la nuit j'entends encore leurs pas, la porte qui s'ouvre, leurs rires et leurs petits mots joyeux : « Bonjour mes chéries ». Je sens encore les tremblements dont mon corps est pris. Je revois les yeux du gardien avec le visage tout rond. Je me souviens de l'odeur de celui qui avait un grain de beauté sur la joue. Avec quoi puis-je essuyer leur semence qui coule, je n'ai rien. Y en avait-il des plus doux que d'autres ? Oui c'est vrai. Etait-ce une consolation ? Jamais. J'aimerais qu'ils ne gagnent pas chaque nuit ma destruction massive mais je n'oublie pas. C'est là. Là. Et là. Et ils gagnent encore et encore. Nuit après nuit. Depuis 27 ans. Je n'aime plus la nuit. Je n'aime pas dormir. Et pourtant il le faut. Je dois dormir. C'est mon rendez-vous avec mes bourreaux. Ils m'ont condamné à ça. La prison de Diyarbakir à perpétuité. Je n'ai jamais voulu avoir d'enfants.

Diyako : Comment l'homme a-t-il pu rendre le monde invivable ?

Zenda : Pourtant sais-tu ce que j'aimerais lire dans les livres d'Histoire ? Sakine qui fait notre éducation politique dans le dos des gardiens *(elle fait chut avec son doigt)*. Le fruit de nos réflexions que nous livrons à nos mères, nos sœurs, nos filles, lorsqu'elles nous rendent visite en prison. Et ces mères, ces sœurs, ces filles qui diffusent nos idées à l'extérieur...

Diyako : Dans le dos des gardiens *(Il fait chut avec son doigt)*.

Elle sourit et son sourire est lumineux.

Zenda : Les hommes ne protègent pas les femmes. Mais Sakine nous a appris à rester debout. Nos idées ont continué à s'épanouir... Dans le dos des gardiens. De tous les gardiens. Quel qu'ils soient. Et cette branche-là de l'étoile mérite de briller plus que les autres.

Gabrielle : Comment peux-tu connaître Astérix ?

Jine : Une internationaliste m'en a parlé. Une conversation de haute volée ! Comment la fiction en proposant une relecture de l'Histoire peut s'imposer et produire un véritable sentiment d'appartenance commune !

Gabrielle : C'est ce que tu voudrais réussir à faire. Raconter une Histoire à laquelle tout le monde adhère. Forcément.

Jine : Nous devons convaincre le reste du monde que ce pour quoi nous nous battons ici dépasse notre seule cause et que ce peut être la cause de toutes et de tous.
Gabrielle : L'histoire que Daesh raconte, cet idéal de société islamique, c'est ça qui plait. Une utopie... malgré tout.
Jine : Et Daesh fini, son idéologie perdurera...
Gabrielle : Alors c'est une guerre des Histoires qui se joue, une guerre des utopies... Et pendant ce temps que propose l'Occident ?
Jine : Quand tu retourneras là-bas...
Gabrielle : Mais Jine !
Jine : Il le faudra ! Pour témoigner, pour raconter notre Histoire, notre utopie, et essaimer... essaimer...
Gabrielle : « Dans le cerveau du monstre capitaliste »...
Jine : Ah ! Le Che maintenant... à côté de Descartes et Astérix ! Pourquoi pas ! Allez remettons-nous au travail.

Elles rejoignent Zenda et Diyako.

Jine : L'Histoire...
Gabrielle, Zenda et Diyako *en chœur* : Ne s'écrit pas toute seule.
Diyako *(à Zenda)* : Tu aurais quand même dû faire des enfants ! *(Réaction tendue de Zenda)* Non mais regarde... Moi, je suis né d'un père turc et d'une mère kurde...
Jine : Le corps des femmes au service de l'assimilation, un classique.
Diyako : Pourtant j'ai fait échouer ce projet... Tes enfants...
Zenda *(énervée)* : Tu n'es pas venu ici pour me donner des leçons.
Diyako *(la défiant)* : Depuis la nuit des temps, l'homme dit ce

qu'il faut faire à la femme, non ?
Zenda *(tranchante)* : « Depuis la nuit des temps » n'est pas un argument. Rien n'est immuable. L'immuable arrange ceux qui ne veulent pas que ça change. Ici nous changeons le cours de l'Histoire.
Gabrielle *(pour passer à autre chose)* : Euh... vous devriez mettre le portrait de Sakine Cansiz au mur.
Zenda *(qui s'énerve contre Gabrielle maintenant)* : Est-ce à cause de Descartes que vous aimez donner des leçons ?
Jine *(sentant la tension, reprend le travail)* : Sakine Cansiz, née à Dêrsim, façonnée par les eaux du Munzur. Furieuse lectrice de Rousseau.
Zenda *(essayant de sortir de sa colère)* : Une des branches de notre étoile ! Forcément.
Jine *(citant Sakine)* : « Il faut des armées de femmes. Séparées de celles des hommes. Les femmes ne doivent plus attendre des hommes la protection, elles doivent se l'assurer par elles-mêmes. Elles doivent gagner leurs batailles, elles seront combattantes, commandantes, soldates... »
Gabrielle, Zenda et Jine : Femmes, vie, liberté !
Diyako *(citant Apo)* : « La libération du Kurdistan ne pourra pas se faire sans la libération de la femme ! »
Jine : On revient toujours à Dêrsim.
Gabrielle : On revient forcément aux blessures.
Zenda *(encore teintée de sa colère)* : Est-ce que quelque part dans ce monde, dénier l'identité d'un peuple, l'humilier, n'a eu aucune répercussion ?
Diyako : Est-ce que l'identité propre à chaque peuple ne rend pas le monde invivable ?

Elles le regardent désemparées.

Diyako : Quand les femmes sont arrivées pour combattre, nous étions persuadés qu'elles seraient incapables d'être des soldates. Nous pensions que les armes seraient trop lourdes, que la peur les empêcherait de tirer, qu'elles seraient trop tendres pour tuer, qu'elles pleureraient à chaque coup donné. Nous leur réservions donc des tâches inoffensives de subalternes. Des corvées.

Jine : Je ne pensais pas porter une arme un jour. Comme toi, non ?

Diyako : Comme beaucoup de garçons j'ai joué à la guerre. Voilà ce qu'était la guerre pour moi, un jeu d'enfants qui avaient besoin de se faire peur, qui avaient envie de s'affronter puis de rentrer chez eux en se racontant leur jeu.

Jine : Je n'aurais jamais cru qu'un jour je tirerai sur une cible. Tirer sur une cible vivante. Un être humain. Voilà le plus fou dans une guerre, non ?

Diyako : Quand j'étais en formation, un de nos camarades nous a raconté que la première fois qu'il s'était retrouvé dans un combat, arme à la main, et que dans son viseur, il avait vu sa première cible vivante, il s'était fait dessus. Beaucoup se moquait de lui.

Jine : Certaines de mes camarades avaient le corps lourd de seins, de fesses, je n'arrivais pas à les imaginer pouvoir échapper aux ennemis. Nombreuses donnaient l'impression que leur arme était une verrue, un greffon qui ne prendrait jamais. Le recul me faisait sursauter, le bruit me faisait grimacer. Mais la commandante disait : « La guerre n'est jamais gagné par des mortes. Ce sont les vivantes qui la gagnent. Désormais votre kalach c'est votre vie. Si vous voulez prendre soin de votre vie, prenez soin de votre kalach ». Elle nous enseignait la guerre en nous parlant de la vie. Toujours. Elle n'avait que ce mot là à la bouche. Alors nous prenions soin de notre kalach. Alors nous courions pour modeler nos corps. Alors nous visions juste. Nous voulions vivre. Comme toi, non ?

Diyako : La première fois que je me suis retrouvé dans un combat, j'ai eu peur de me faire dessus. Mais je ne me souviens de rien. C'est comme si je m'étais absenté de moi.

Jine : Nous sommes devenues commandantes, soldates. Nous avons été en première ligne, nous avons gagné nos batailles. Et aussitôt que nous posions nos armes, nous dansions pour célébrer la vie.

Diyako : Tout le monde se moquait de celui qui avait fait dans son froc. Jusqu'au jour où l'un de nous a dit : « Je donnerais cher pour me faire dessus. » Il était effrayé à l'idée de ne plus avoir peur de tuer.

Jine : J'ai toujours été effrayée à l'idée de ne plus avoir peur de tuer. Comme toi, non ?

Diyako : Je savais que mon frère pouvait être en face.

Scène du passé de Gabrielle :

Gabrielle : Qui est Jale, maman ?
Zenda *(jouant le rôle de la mère de Gabrielle)* : Jale ?
Gabrielle : Tu as dit à mon oncle ou mon cousin je ne sais plus... que Jale voulait partir là-bas. Là-bas c'est la Syrie ? L'État Islamique ?
Zenda *(jouant le rôle de la mère de Gabrielle)* : Gabrielle comment oses-tu ! Tu penses que nous accepterions d'aider des jeunes filles à rejoindre Daesh ?
Gabrielle : Mais je ne sais pas ! Je ne sais rien ! Je m'imagine

tout !
Zenda *(jouant le rôle de la mère de Gabrielle)* : Jale veut se rendre au Rojava. Elle veut participer à la révolution.
Gabrielle : Quelle révolution ?

Retour au présent : Gabrielle sort son portable, se filme, filme ce qu'elle voit.

Gabrielle : Ici, les femmes se réunissent entre elles pour penser, apprendre à penser, réfléchir, apprendre à réfléchir à partir de leur propre expérience, de leurs propres connaissances.

Jine, Zenda puis Gabrielle jouent le rôle de femmes de l'assemblée des femmes du Rojava :

Jine *(brandissant Simone de Beauvoir, Le deuxième sexe)* : « L'action des femmes n'a jamais été qu'une agitation symbolique, elles n'ont gagné que ce que les hommes ont bien voulu leur concéder ; elles n'ont rien pris : elles ont reçu. » Chaque fois, nous croyons nous battre pour tous et naïvement dans ce tous, nous nous incluons, parce que chaque fois, nous ne pouvons pas croire que nous serons les perdantes...
Zenda : Les femmes ont participé aux printemps arabes, elles ont cru qu'il suffisait de descendre dans la rue aux côtés des hommes pour avoir un rôle par la suite. Mais aussitôt les révolutions finies, les femmes ont été remises à leur place.
Gabrielle : Ce qui devrait de fait remettre en cause leur statut de révolution. Chaque fois notre Histoire est faite par les hommes.
Jine : Défaite par les hommes. Car qui croira que des femmes

aux côtés des hommes ont demandé plus de démocratie, plus d'égalité quand seuls les hommes sont ensuite au pouvoir, et posent les termes du débat.
Zenda : Beauvoir a raison, il faut que les femmes adviennent à l'Histoire.
Gabrielle : Nous ne devons pas laisser les hommes écrire notre Histoire. Nous devons l'écrire nous-mêmes.
Zenda : Nous ne devons plus recevoir, mais prendre.
Jine : Il faut que nous puissions participer aux décisions, faire nos propres choix.
Zenda : Réfléchir. Repenser le monde. Pour changer le cours de l'Histoire.

Gabrielle *(rompant le récit précédent, revenant au présent)* : Advenir à l'Histoire ! Encore faut-il savoir être critique par rapport à cette Histoire. *(Prenant le portrait d'Apo à témoins)* Apo, quand vous dites : « La violence permet au colonisé de regagner sa dignité d'homme » ? Que voulez-vous dire exactement ? Que vous justifiez la guérilla ? La mort de civils ? Les attaques-suicides ? L'assassinat de militants dits déviants ?
Diyako *(jouant Apo)* : Aujourd'hui nous avons choisi le combat politique. Gagner des municipalités. Faire élire des députés. Renoncer à l'indépendance du Kurdistan, au nationalisme. Nous avons décrété des cessez le feu.
Zenda : Jamais pris en considération par la Turquie !
Gabrielle : Donc on raconte toutes les branches de l'étoile même les plus sombres ? Ou on ripoline ?
Zenda : De toute façon, une bonne histoire aujourd'hui est une histoire qui se résume en 280 signes. Je crains que les nuances n'aient pas leur place.
Jine : Parfois je me demande même si les peuples sans

territoire peuvent avoir une Histoire. Une Histoire qui compte.

Un temps puis...

Gabrielle : À quoi penses-tu ?
Jine : À ma famille.
Gabrielle : À qui en premier ?
Jine : À ma mère. Je suis partie sans lui dire au revoir.
Gabrielle : Elle sait ce que tu fais ?
Jine : Quand elle a accepté ce mariage pour moi avec cet homme de 30 ans mon aîné, je crois qu'elle savait que je ne resterais pas. Que c'était au-dessus de mes forces. Elle l'avait deviné.
Gabrielle : Pourquoi t'a-t-elle proposé ce mariage alors ?
Jine : J'aime à penser qu'elle voulait me donner l'occasion de passer à l'acte, de partir.
Gabrielle : Alors aujourd'hui elle doit en être fière.
Jine : Elle ne le peut pas. Etre fière de moi ce serait être contre ses grands-parents, ses parents, son mari, ses frères. Et même la plupart de ses fils. Elle ne le supporterait pas.
Gabrielle : Est-ce que tu t'es mariée par la suite avec un homme que tu aimais ?
Jine : Je n'en ai pas eu le temps.
Gabrielle : Mais tu voudrais te marier avec un homme que tu choisis ?
Jine : Je n'en aurai sans doute pas le temps.
Gabrielle : Est-ce que les hommes te manquent ?

Regard étonné de Jine.

Jine : Qu'est-ce que tu sous-entends ?

Gabrielle : Tu le sais bien...

Elles rient.

Jine : Je suis partie la veille de mon mariage. Dans la nuit. Je me souviens de m'être sentie seule dès la porte de ma maison d'enfance franchie. Là sur le chemin où je ne devais pas me faire voir, le chemin où j'avais peur de me retourner, le chemin où je ne savais pas si je devais courir ou marcher sans crainte, j'ai ressenti la solitude. J'avais grandi entourée de frères et de soeurs, de cousins et de cousines, d'amies. Il était rare que je me retrouve seule. Même la nuit, je dormais avec la plus jeune de mes soeurs. Si j'avais accepté ce mariage, je n'aurais jamais connu la solitude. J'aurais été avec mes beaux-parents, mes belles soeurs et beaux frères, j'aurais eu très vite des enfants. Je me suis dit sur le chemin sombre où j'essayais de ne pas faire résonner mes pas de peur de me faire entendre, que cette solitude était le prix de ma liberté. Je me suis mise à courir.

Gabrielle : Tu savais qu'au bout du chemin t'attendait une amie avec un homme que tu ne connaissais pas. Ils t'emmèneraient. Ils te cacheraient. C'était le plan.

Jine : Je me souviens de la chaleur que ma petite soeur dégageait dans le lit. Je me souviens des grands yeux de mon petit frère. Je me souviens de ma main dans la main de ma mère. Je me souviens de n'avoir jamais vu mon père rire. Mais je ne sais plus rien d'eux aujourd'hui et leur absence est le prix de ma liberté. Ma solitude.

Zenda : Au bout du chemin, ton amie n'était pas là. Seul l'homme était au rendez-vous. Tu as failli renoncer. L'a t-il compris ? Il est repassé en voiture par le chemin. Celui sur lequel tu as découvert la solitude.

Jine : Lorsque j'ai aperçu la maison que je venais de quitter, il ne s'est pas arrêté. C'est mon coeur qui s'est arrêté. Nous avons traversé la nuit et au petit matin, il m'a déposé dans une maison où j'ai retrouvé mon amie.

Diyako *(jouant l'homme)* : Tu n'as rien dit quand je suis repassé devant chez toi. Tu n'as même pas jeté un regard dans le rétroviseur. Tu as juste retenu ta respiration.

Jine : Il m'avait mise à l'épreuve.

Gabrielle : Tu as vécu quelques temps dans cette maison avec ton amie. Cela faisait longtemps qu'elle avait quitté sa famille et elle pleurait souvent. Tu la regardais. Tu savais qu'il lui fallait comme toi apprendre la solitude, s'emplir de solitude, être solitude... Mais tu sentais qu'elle ne le pourrait pas.

Jine : Un jour l'homme à la voiture a débarqué. Tout de suite, j'ai senti que quelque chose n'allait pas. Il venait nous prévenir : Daesh arrivait. Nous en avions entendu parler. Mon père se tenait au courant. Il ne s'affolait pas. Je me fiais à lui. Avec le recul, je sais que mon père n'était pas fiable. En vérité, il ne s'affolait de rien.

Diyako *(jouant l'homme)* : Vous devez partir. Partir maintenant.

Jine : Mais pourquoi ?

Zenda : Il t'entraîna dans une des pièces à l'arrière de la maison. Là par la fenêtre, tu pouvais voir.

Jine : Un drapeau noir avec le chahada flottait. J'ai plissé les yeux. J'ai compté le nombre de maisons qui nous séparait d'eux. Une dizaine seulement.

Diyako *(jouant l'homme)* : Tu ne dis rien. Tu observes. Tu retiens ta respiration. Demain ou peut-être même avant, il sera trop tard pour fuir. Là maintenant c'est encore possible.

Jine : Pour aller où ?

Diyako : Demain ou peut-être même tout à l'heure, tu pourrais devenir leur esclave.
Zenda : Tu es partie avec lui. Ton amie n'a pas voulu venir. Tu as insisté mais elle n'a rien voulu savoir.
Jine : Je pense souvent à elle. Le lendemain matin, Daesh a gagné les quelques mètres qui séparaient le drapeau noir de la maison dans laquelle nous nous étions réfugiées. Nous savions que la guerre était là. Mais elle n'était pas là. Pas là où nous étions. Pas exactement là où nous étions. Nous continuions à vivre comme si elle pouvait ne jamais être exactement là où nous étions.
Zenda : Et puis soudain. Soudain la guerre est exactement là.
Jine : J'ai suivi l'homme à la voiture. Nous nous sommes réfugiés un temps chez un oncle à lui.
Diyako *(jouant l'homme)* : Je vais rejoindre le YPG *(à prononcer gé pé gé)*. Que vas-tu faire toi ?
Jine : Tu veux combattre avec l'armée kurde ?
Diyako : Il y a une unité de femmes. Tu peux m'accompagner.
Jine : C'est absurde ! Moi dans l'armée ? *(Sortant du dialogue)* J'avais fui ma famille, le mariage qu'elle voulait m'imposer. J'avais fui sans projet pour l'avenir. Mais ce jour-là j'ai compris que quelque soit mon avenir, il était menacé. C'est la dernière fois que j'ai suivi les pas d'un homme. Je voulais apprendre à ne plus suivre les pas des hommes. À prendre mon destin en main, à le défendre quand il était menacé.
Diyako : Jine, puisses-tu trouver ton chemin.
Jine : J'ai retenu ma respiration.
Zenda : Tu t'es engagée dans les YPJ.
Gabrielle : Ce n'était pas un véritable choix ?
Jine : Je n'aime ni les armes ni le sang, c'est de la liberté dont je suis amoureuse.

Ils reviennent autour de la table.

Gabrielle : Diyako raconte-moi, comment ça se passe concrètement au camp de rééducation des hommes ?
Jine : N'oublie pas que Gabrielle est tiraillée entre Descartes et Astérix, il lui faut du concret !
Diyako : Pendant neuf mois tu étudies l'Histoire, la sociologie, la psychologie, d'un point de vue de femmes.
Gabrielle : Et ça suffit à *dépatriarcaliser* un homme ?
Diyako : Comment me trouves-tu ?
Gabrielle : Assez séduisant.
Zenda (*blaguant*) : Est-ce que Gabrielle ne devrait pas être *dépatriarcalisée* elle aussi ?
Gabrielle : Non mais je veux dire, je le trouve encore homme quoi !
Diyako : Je suis soulagé !
Jine : Penser les rapports hommes-femmes uniquement dans des rapports de séduction, voilà bien ce dont nous devons nous défaire.
Zenda : C'est ce qui n'a pas marché chez vous... Vous avez pensé à la libération sexuelle avant toute chose.
Jine : Résultat, elle a permis aux hommes de justifier qu'ils avaient le droit de vous acheter, de faire de vous une marchandise.
Diyako : Par contre dans les instances de direction vous n'arrivez toujours pas à la parité !
Gabrielle : Merci au tribunal du féminisme occidental de m'éclairer ! Ainsi nous aurions dû mettre les femmes au pouvoir avant de leur dire « jouissez » !

Zenda, Jine, Diyako se montrent gênés.

Gabrielle : Je ne veux pas vous choquer.
Diyako *(osant)* : La jouissance des femmes voilà bien un sujet qui n'est pas abordé au Qandil.
Gabrielle : Alors à quoi vois-tu que tu es « rééduqué » ?
Diyako : Parfois je me dis que rien n'a changé. Pourtant, dès que je dois agir, je me demande simplement dans quel but je vais agir, pour qui, pourquoi. Avant j'agissais d'abord en homme, maintenant j'agis d'abord en individu.
Zenda : C'est la recherche systématique de la domination et du pouvoir qu'on interroge. Débarrasser les hommes de ces automatismes ferait un bien fou à toute l'humanité.

Jine, Gabrielle et Zenda se mettent soudain face à Diyako. Elles jouent le rôle d'une brigade de femmes. Diyako joue un mari.

Jine : Monsieur Medzaoui ?
Diyako : Qui êtes-vous pour venir comme ça, chez moi, sans que je vous y autorise ?
Jine : Vous êtes bien Monsieur Medzaoui ?
Diyako : Oui mais où est ma femme ?
Zenda : En lieu sûr.
Diyako : Qu'est-ce que ça veut dire ? En lieu sûr c'est ici ! Avec moi. Qui êtes-vous ?
Jine : Votre femme s'est plainte à nous.
Diyako : Ma femme se plaint tout le temps, elle pourrait se plaindre de ce que les tomates sont rouges.
Zenda : Votre femme s'est plaint des coups que vous lui donnez.
Diyako : C'est mon droit.

Gabrielle : Vous reconnaissez donc que vous battez votre femme ?
Diyako : Ce n'est pas ce que j'ai dit. Si je veux battre ma femme, en quoi cela vous regarde ?
Jine : Nous venons vous avertir Monsieur Medzaoui, vous ne devez plus battre votre femme.
Diyako : Vous n'avez pas à me dicter ma conduite.
Zenda : Monsieur Medzaoui, si vous recommencez à frapper votre femme, nous viendrons vous revoir...
Jine : Nous serons plus nombreuses encore.
Diyako : Ma femme, je veux que vous me rendiez ma femme. J'avais entendu parler de vos brigades ! Croyez-vous que je vais accepter de me faire humilier ! Mais vous vous rendez compte de ce que vous faites ? Me faire honte, m'obliger à me justifier, me donner des leçons comme si j'étais un enfant ?
Zenda : Monsieur Medzaoui, nous reviendrons chaque fois que vous recommencerez.
Jine : Et nous serons toujours plus nombreuses.

Gabrielle rejoue une scène de son passé.

Gabrielle *(s'adressant à Zenda comme si c'était sa mère)* : Attends maman tu veux dire qu'en Syrie aujourd'hui, en pleine guerre, entre oligarchie, fascisme islamiste, ingérence impérialiste, hégémonie capitaliste, sectarisme religieux *(sa mère fait un signe pour qu'elle arrête son énumération)* une société réunit Kurdes, Assyriens, Turkmènes, Yézidis, dans une confédération laïque, paritaire, égalitaire, écologiste, et qui met en place la démocratie par le bas ?
Zenda *(dans le rôle de la mère de Gabrielle, hésitante)* : Je crois que c'est ça.

Gabrielle : Tu crois que c'est ça ou c'est ça.
Zenda : Enfin… un peu comme la commune de Paris… et un peu comme chez les indiens Chiapas.
Gabrielle : Les zapatistes ?
Zenda : Je crois que c'est ça.
Gabrielle : Tu crois que c'est ça ou c'est ça.
Zenda : Ton père saurait mieux t'expliquer…
Gabrielle : Maman tu me parles d'égalité homme-femme dans une région où pour tous elle est improbable, et tu veux que je demande à papa parce qu'il sait mieux…
Zenda : Oui je sais Gabrielle. Mais tu vois c'est toujours le problème. L'égalité c'est d'abord en théorie.
Gabrielle : Mais là-bas ? C'est en théorie la parité, en théorie la démocratie, en théorie la laïcité ou quoi ?
Zenda : C'est ça la révolution. Ils passent à la pratique.

Gabrielle n'en revient pas.

Gabrielle : Et pourquoi vous ne m'avez jamais rien dit ?
Zenda : Pour te protéger. Nous avons dû fuir, ton père était en danger de mort, il nous a fallu tout quitter. Et crois-moi nous avons beaucoup perdu. Mais ton père n'a jamais pu lâcher, il a continué d'ici à aider…
Gabrielle : À aider mes oncles, mes cousins, les oncles de mes cousins… Maman…
Zenda : A aider les femmes qui là-bas mènent une bataille idéologique.
Gabrielle : Là-bas…

Gabrielle : On a dit qu'il y aurait un avant et un après. Un avant Charlie Hebdo et un après Charlie Hebdo. Un avant Hyper

Casher et un après Hyper Casher. Un avant Bataclan et un après Bataclan. Un avant Nice et un après Nice. Après, après j'ai vu des hommes et des femmes se noyer dans la Méditerranée. J'ai vu des pierres être installées pour empêcher des hommes et des femmes qui n'étaient pas morts dans la Méditerranée de rester. J'ai vu le procès d'hommes et de femmes pour avoir aidé les hommes et les femmes qui n'étaient pas morts dans la Méditerranée.

Gabrielle : Tonton.
Diyako *(jouant le rôle du cousin, oncle ou...)* : Pourquoi tu m'appelles Tonton ?
Gabrielle : Apo ?
Diyako : Même en kurde, je ne suis pas ton oncle.
Gabrielle : Cousin.
Diyako : Je ne suis pas ton cousin non plus.
Gabrielle : Homme.
Diyako *(énervé)* : Passons.
Gabrielle *(avec déférence)* : Homme de Dêrsim.

Il s'agace en faisant « chut » avec son doigt sur la bouche.

Gabrielle *(chuchotant)* : Comment on part là-bas ?
Diyako : Là-bas où ?
Gabrielle : Là-bas. Tu sais, là-bas.
Diyako : Apprends d'abord à te taire.
Gabrielle : Mais je ne fais que ça me taire ! Alors gardez vos secrets, je me débrouillerai toute seule ! De toute façon, le Munzur coule en moi !

Ils jouent une scène d'un conseil de ville.

Gabrielle *(filmant avec son portable)* : Au Rojava, le pouvoir est descendu à l'échelle locale. Il existe des conseils de villages ou de quartiers, reliés aux conseils des villes, puis des agglomérations, puis des régions. L'état-nation n'est plus un objectif.

Jine *(jouant un rôle)* : Le conseil est ouvert.

Gabrielle *(en train de se filmer)* : Nous sommes ici dans un conseil de quartier à Qamishlo. Conformément au règlement, il est co-présidé par une femme et un homme comme tous les conseils. L'assemblée doit, elle, être constituée d'au moins 40% de femmes ou d'hommes.

Diyako *(jouant un rôle)* : La question du jour concerne notre alimentation en électricité.

Jine *(jouant un rôle)* : Nous devons prendre position sur la façon dont nous voulons être alimenté en électricité.

Zenda *(jouant un rôle)* : Partons de nos besoins réels ! Et j'insiste « réels » pas « supposés, ou fantasmés ».

Diyako : Qu'entends-tu par fantasmés ?

Zenda : Certains vont dire que la place doit être éclairée toute la nuit.

Jine : Pour permettre aux femmes de circuler sans crainte, oui !

Diyako : Pourquoi penses-tu qu'elle ne doit pas être éclairée toute la nuit ?

Zenda : Y a-t-il des gens qui circulent à 3 heures du matin, a-t-on vraiment fait une enquête ?

Jine : Ce sont les vitrines qui n'ont pas à être éclairées mais la place elle-même... Partir des besoins est cependant une bonne remarque.

Zenda : Merci. Si nous savons quels sont les besoins réels, nous pourrons choisir une technologie adaptée. Toutes les technologies écologiques ne se valent pas. Nous ne devons pas nous tromper.

Gabrielle *(en train de se filmer)* : Les conseils de quartier traitent des problèmes qui les concernent directement. Si un problème est plus large, ils en réfèrent au conseil supérieur. L'écologie est un des thèmes récurrents. Le nucléaire est banni. Même les barrages sont remis en cause. La destruction de l'environnement qu'ils entraînent et le risque de confiscation de l'eau comme moyen de pression en font de mauvais choix. Si le problème abordé ne concerne que les femmes, un comité composé uniquement de femmes s'empare de la question. Il en est de même pour les problèmes concernant les Turkmènes, les Assyriens...

Puis jouant de nouveau leur propre rôle dans une scène passée.

Jine *(montrant Gabrielle)* : C'est elle ?
Zenda : Oui, une française arrivée depuis 15 jours.
Diyako : Elle veut partir combattre Daesh ? Souvent les internationalistes veulent être en première ligne !
Jine : Leur façon de venger les victimes des attentats.
Gabrielle *(en train de se filmer)* : La difficulté à laquelle se heurte la révolution du Rojava est bien entendu la guerre. Discuter d'électricité alors même que les bombardements, les tirs de mortier peuvent atteindre les installations qui viennent d'être mises en service... *(elle retourne sa caméra et tombe sur Jine, Zenda et Diyako)*
Jine : Bonjour, je m'appelle Jine.
Gabrielle : Gabrielle.
Jine : Tu n'es pas kurde ?
Gabrielle : Ah oui... à cause du prénom. Si si je suis d'origine

kurde et turque sinon française. C'est ce que mes parents ont voulu pour moi, que d'emblée les autres se disent, « ouf ! Elle est française ». Ma famille se sent sans arrêt menacée. Je ne sais pas si elle l'est réellement. Nous vivons beaucoup dans le non-dit.
Jine : Est-ce pour cela que tu as tant besoin de parler ?
Gabrielle *(rougissante)* : Peut-être... J'aimerais témoigner.
Jine : Justement nous cherchons des témoins.

Ils reviennent au présent et à leur table.

Zenda : Il est tard.
Jine : Tu as raison. Nous avons bien avancé.
Diyako : Quand est-ce que viendra la clarté ? Ça part dans tous les sens.
Gabrielle : Aurons-nous le temps de finir ?
Jine : Il faudra commencer par Dêrsim.
Zenda : Le Munzur.
Diyako : Les hommes qui ne protègent pas les femmes.
Gabrielle : La résistance des femmes.
Zenda : À l'assimilation.
Zenda, Gabrielle, Jine : Nous sommes les filles de nos mères.
Zenda, Jine : Apo.
Diyako : Sakine Cansiz.
Gabrielle : La résistance des femmes.
Jine : L'armée des femmes.
Zenda : Contre Daesh.
Diyako : Les hommes qui ne protègent toujours pas les femmes.
Jine : Les Angelina Jolie kurdes et leur kalach à Kobané.
Gabrielle : La résistance des femmes. Encore.

Jine : L'instruction des femmes, leur éducation politique...
Zenda : Leur utopie d'une nouvelle société.
Gabrielle : La mise en place de cette nouvelle société au Rojava.
Zenda, Gabrielle, Jine : Femmes, vie, liberté !
Jine : L'urgence de raconter cette Histoire.
Diyako : Et de gagner la guerre des Histoires.
Jine : La fin de la guerre avec Daesh est proche, mais une autre guerre nous attend. L'autonomie du Rojava sera l'enjeu de notre prochaine guerre.
Zenda : Qui nous soutiendra alors ?
Diyako : Les alliances changent en fonction des intérêts de chacun au moment M.
Jine *(à Gabrielle)* : Nous avons besoin de slogans sur les murs occidentaux, de manifestations dans les rues de Berlin et de Paris, nous avons besoin de relais sur les réseaux sociaux, et d'articles dans les journaux. C'est comme ça que nous gagnerons la guerre des Histoires.

Gabrielle prend son portable, les filme puis se filmant :

Gabrielle : L'Histoire n'est pas une ligne droite qui passe par un point a puis par un point b, puis par un point c, etcetera... Jusqu'à ce que le mot fin apparaisse. L'Histoire est comme une étoile et l'Histoire juste mérite de partager la complexité de l'étoile. Pourtant, nous avons tous une branche préférée. J'en ai une. Elle tient en moins de 280 signes. Dans des villages d'irréductibles, des femmes se tiennent debout, furieuses. Quoi qu'il arrivera, elles n'arrêteront plus de semer leurs idées. Dans le dos des gardiens.

Gabrielle fait chut avec son doigt sur la bouche.

NOIR